BEI GRIN MACHT SICH IHR WISSEN BEZAHLT

- Wir veröffentlichen Ihre Hausarbeit,
  Bachelor- und Masterarbeit

- Ihr eigenes eBook und Buch -
  weltweit in allen wichtigen Shops

- Verdienen Sie an jedem Verkauf

Jetzt bei www.GRIN.com hochladen
und kostenlos publizieren

Christoph Werner

Methoden der Schätzungen im Steuerrecht

GRIN Verlag

Bibliografische Information der Deutschen Nationalbibliothek:

Die Deutsche Bibliothek verzeichnet diese Publikation in der Deutschen National-
bibliografie; detaillierte bibliografische Daten sind im Internet über http://dnb.d-
nb.de/ abrufbar.

Impressum:

Copyright © 2014 GRIN Verlag GmbH
Druck und Bindung: Books on Demand GmbH, Norderstedt Germany
ISBN: 978-3-656-90483-0

Dieses Buch bei GRIN:

http://www.grin.com/de/e-book/293102/methoden-der-schaetzungen-im-steuerrecht

GRIN - Your knowledge has value

Der GRIN Verlag publiziert seit 1998 wissenschaftliche Arbeiten von Studenten, Hochschullehrern und anderen Akademikern als eBook und gedrucktes Buch. Die Verlagswebsite www.grin.com ist die ideale Plattform zur Veröffentlichung von Hausarbeiten, Abschlussarbeiten, wissenschaftlichen Aufsätzen, Dissertationen und Fachbüchern.

Besuchen Sie uns im Internet:

http://www.grin.com/

http://www.facebook.com/grincom

http://www.twitter.com/grin_com

Fachhochschule der Wirtschaft

-FHDW-

Paderborn

Referat

Thema:

Die Methoden der Schätzung

Verfasser:

Gero Gebhardt

Christoph Werner

Studiengang: Wirtschaftsrecht

Modul: Verfahrensrecht AO/FGO und steuerliche Nebengebiete

Eingereicht am:

19. September 2014

Inhaltsverzeichnis

Abkürzungsverzeichnis

Abs.	Absatz/Absätze
AO	Abgabenordnung
BFH	Bundesfinanzhof
BStBl	Bundessteuerblatt
bzw.	beziehungsweise
ff.	folgende (Seiten)
FG	Finanzgericht
FGO	Finanzgerichtsordnung
grds.	grundsätzlich
i.S.d.	im Sinne des
Rn	Randnummer
Rz.	Randziffer
S.	Seite(n)
v.	vom
vgl.	vergleiche
z.B.	zum Beispiel

1 Einleitung

1.1 Die Schätzung im Steuerrecht gemäß § 162 AO *(Christoph Werner)*

Das Finanzamt hat zu schätzen, soweit es die Besteuerungsgrundlagen nicht ermitteln oder berechnen kann (§ 162 Abs. 1 Satz 1 AO).[1] Ziel jeder Schätzung ist es, die Besteuerungsgrundlagen, die die größte Wahrscheinlichkeit für sich haben, zu ermitteln und bei der Steuerfestsetzung zu berücksichtigen.[2]

Um die Steuern gleichmäßig festzusetzen und zu erheben, müssen die Finanzbehörden zunächst den zugrunde liegenden Sachverhalt ermitteln; die Beteiligten, insbesondere die Steuerpflichten, sind dabei zur Mitwirkung verpflichtet. Kann die Finanzbehörde die Besteuerungsgrundlagen nicht ermitteln oder berechnen, sind diese zu schätzen.[3]

Die Schätzung soll insgesamt in sich schlüssig, wirtschaftlich vernünftig und möglich sein.[4] Dabei ist aber zu beachten, dass ein Steuerpflichtiger bei schuldhafter Verletzung seiner Mitwirkungspflichten nicht besser gestellt werden darf als derjenige, der seinen Pflichten in vollem Umfang nachkommt. Sind daher die Besteuerungsgrundlagen zu schätzen, weil der Steuerpflichtige trotz Erinnerung die Pflicht zur Abgabe von Steuererklärungen in grober Weise verletzt, verringert sich die Verpflichtung zur Sachverhaltsaufklärung. Dies führt zu einer Vergrößerung des Schätzungsrahmens, innerhalb dessen die Schätzung vorgenommen werden kann.[5]

Die Schätzung und ihr Ausmaß sind auch davon abhängig, ob und inwieweit der Steuerpflichtige ausreichende Erklärungen für die Abweichung geben kann.[6]

---

[1] Bayerisches Landesamt für Steuern (2006) Kapitel 1. Allgemeine Grundsätze zur Schätzung bei der Nichtabgabe von Steuererklärungen.

[2] BFH R 128/84 BStBl II 1993, 594.

[3] Haufe (2014) Schätzung: Zusammenfassung.

[4] BFH v. 18.12.1984 VIII R 195/82 BStBl. 1986 II S. 226.

[5] Bayerisches Landesamt für Steuern (2006) Kapitel 1. Allgemeine Grundsätze zur Schätzung bei der Nichtabgabe von Steuererklärungen.

[6] Haufe (2014) Schätzung: Kapitel 3.2 Schätzungsmethoden.

1.2 Methodenwahl durch das Finanzamt *(Gero Gebhardt)*

Zur Ermittlung der Besteuerungsgrundlagen (§ 157 Abs. 2 AO), die die größte Wahrscheinlichkeit der Richtigkeit für sich haben, hat die Praxis mehrere Schätzungsmethoden entwickelt. Die Auswahl einer von mehreren geeigneten Schätzungsmethoden steht im pflichtgemäßen Ermessen der Finanzbehörde.[7] Der Steuerpflichtige hat keinen Anspruch auf die Anwendung einer bestimmten Schätzungsmethode.[8] Das Finanzamt kann gegebenenfalls verschiedene Schätzungsmethoden miteinander kombinieren. Es darf jedoch im Hinblick auf den maßgeblichen und bekannten Sachverhalt keine ungeeignete Schätzungsmethode anwenden. Das Finanzamt ist grundsätzlich nicht verpflichtet, das aufgrund einer Schätzungsmethode gewonnene Ergebnis noch durch die Anwendung einer weiteren Schätzungsmethode zu überprüfen.[9] Es besteht auch keine Verpflichtung, eine Außenprüfung (§§ 193 ff. AO) durchzuführen, um eine präzisere Schätzungsmethode anwenden zu können.[10] Ein Wechsel zu einer anderen Schätzungsmethode kommt nur ausnahmsweise in Betracht, wenn neue Tatsachen im Sinne des § 173 Abs. 1 AO in Form neuer Schätzungsunterlagen bekannt werden und die bisherige Schätzungsmethode angesichts der neuen Schätzungsunterlagen versagt.[11] Im Klageverfahren ist das Finanzgericht nicht an die vom Finanzamt gewählte Schätzungsmethode gebunden, da es nach § 96 Abs. 1 Satz 1 2. Halbsatz FGO eine eigene, selbstständige Schätzungsbefugnis besitzt.[12]

1.3 Begriffsklärung *(Christoph Werner)*

Schätzungsmethoden sind die Verfahren, die eine Schätzung vorbereiten und begründen. Sie beruhen auf Lebenserfahrung.[13]

Von der Schätzung zu unterscheiden sind die **Verprobungsmethoden**. Sie dient nicht dazu die Besteuerungsgrundlage zu ermitteln. Durch eine Verprobung soll vielmehr die sachliche Richtigkeit der Buchführung und sonstiger Aufzeichnungen des Steuerpflichtigen überprüft werden, um die Angaben des Steuerpflichtigen zu widerlegen.[14] Die Buchführung kann also materiell und formell richtig sein. Ergibt sich durch die Verpro-

---

[7] Vgl. Schmidt-Liebig, Dr. Axel (2004) S. 3232.

[8] BFH BStBl II 1999, 290.

[9] BFH/NV 1999, 290 u. BFH/NV 2005, 1014.

[10] BFH BStBl II 1985, 352.

[11] BFH BStBl II 1984, 504.

[12] Vgl. Von Wedelstädt, Alexander (2014) 2. Kapitel Anwendungsbereich.

[13] Haufe (2014) Schätzung: Kapitel 3.2 Schätzungsmethoden.

[14] Vgl. Haufe (2014) Schätzung von Besteuerungsgrundlagen: Kapitel 5 Schätzungsmethoden.

bung, dass zum Beispiel die Buchführung wegen fehlender Einnahmedeklarationen nicht ordnungsgemäß und daher zu verwerfen ist, kommt es im zweiten Schritt zur schätzweisen Ermittlung des Gewinns.[15] Schätzung und Verprobung haben gemeinsam, dass das Ergebnis der Verprobungsmethode häufig für die Schätzung hinzugezogen wird.

Die **Prüfungsmethoden** sind die Methoden, die die Richtigkeitsvermutung der Unterlagen erschüttern und damit den Weg zu einer Schätzung ebnen können.[16] Dabei werden die Unterlagen nicht sachlich verprobt, sondern auf Fehler und Ungereimtheiten materieller und formeller Art hin untersucht. Dadurch wird auch dem Prüfer im Voraus erleichtert, welche Prüffelder er intensiver, zum Beispiel mit Verprobungsmethoden, in der Außenprüfung untersuchen muss.[17] Die Prüfungsmethoden sind inzwischen fast ausschließlich EDV-gestützt, was dem Prüfer zeitliche Ersparnisse im Vergleich zu den Anfängen der Prüfungsmethoden bringt.

---

[15] Vgl. Ebenda.
[16] Vgl. Schmidt-Liebig, Dr. Axel (2004) S. 3232.
[17] Vgl. Harle, Georg/Olles (2014) S. 197.

2 Die Methoden der Schätzung

Die Verprobungs- und Schätzungsmethoden sind nicht gesetzlich geregelt. Sie ergeben sich auch nicht aus Verwaltungsanweisungen der Finanzministerien. Vielmehr entstehen die Methoden in der Praxis der (digitalen) Außenprüfungen. „Erfinder" der Methoden sind die zuständigen Betriebsprüfer und weitere Beteiligte der Finanzbehörden. Durch Einschätzen und Ausprobieren (Ermessen) versuchen sie, die unrichtigen oder nicht vorliegenden Bemessungsgrundlagen auf das Maß der Wirklichkeit anzuheben. Nicht selten landen daher Streitigkeiten zwischen Finanzbehörden und Steuerpflichtigen vor Gericht, um die Entscheidung über die gewählten Methoden, den Rahmen oder den Umfang der Schätzung der Jurisdiktion zu überlassen. Die entsprechende Rechtsprechung hilft im Nachhinein den Finanzbehörden, ihre Methoden und Vorgehensweisen abzustecken und bei künftigen Betriebsprüfungen zu berücksichtigen. Die gängigsten Methoden finden sich inzwischen in der Fachliteratur für Finanzämter und Steuerberater wieder. Im Wesentlichen haben sich in der Praxis die folgenden Schätzungsmethoden entwickelt und werden nach heutigem Stand verwendet:[18]

2.1 Vorjahresvergleich *(Gero Gebhardt)*

Nach dem Vorjahresvergleich werden die Besteuerungsgrundlagen auf der Grundlage der entsprechenden Angaben des Steuerpflichtigen für vorangegangene Veranlagungszeiträume ermittelt und gegebenenfalls durch Sicherheitszuschläge (siehe 2.6) an die veränderten Verhältnisse des zu schätzenden Besteuerungszeitraums angepasst. Der Vorjahresvergleich beruht auf der Annahme, dass die Steuererklärungen, die der Steuerpflichtige in den Vorjahren abgegeben hat, richtig und vollständig sind und die angegebenen Lebenssachverhalte über den vorangegangenen Veranlagungszeitraum hinaus Bestand haben. Für den Fall, dass die vorangegangen Besteuerungszeiträume bereits durch eine Schätzung ermittelt wurden kann sich das Finanzamt darauf stützen, dass der Steuerpflichtige die Schätzungen der Vorjahre in entsprechender Höhe akzeptiert hat. Wenn der Steuerpflichtige keine Steuererklärung abgibt, ist das Finanzamt nicht verpflichtet, bei der Schätzung der Besteuerungsgrundlagen die vom Steuerpflichtigen gesammelten Belege auszuwerten. Der Vorjahresvergleich ist eine äußerst grobe Schätzungsmethode, die das Finanzamt in der Regel nur anwendet,

---

[18] Vgl. Harle, Georg/Olles (2014) S. 142

wenn der Steuerpflichtige für den zu schätzenden Besteuerungszeitraum keine Steuererklärung abgegeben hat.[19]

2.2 Innerer Betriebsvergleich *(Gero Gebhardt)*

Der innere Betriebsvergleich beruht ebenfalls auf betriebsinternen Daten aus den Vorjahren des jeweiligen Betriebs. Man unterscheidet mehrere Methoden des inneren Betriebsvergleichs. Die wichtigsten werden in den folgenden Abschnitten näher erläutert.

2.2.1 Nachkalkulation

Bei dem inneren Betriebsvergleich durch Nachkalkulation werden innerbetriebliche Daten aus den Vorjahren des jeweiligen Betriebs, wie zum Beispiel Erlöse, Wareneinsatz, Roh- und Reingewinn und vorgegebene Verkaufspreise in Beziehung gesetzt und hochgerechnet. An Hand dieser Daten werden Entwicklungstendenzen des Betriebs sichtbar, die im Rahmen der Schätzung verwertet werden können. Bestimmte Merkmale eines Veranlagungszeitraums dürfen dabei auf andere Veranlagungszeiträume übertragen werden.[20] Bei der Nachkalkulation werden der Umsatz und der Gewinn nach den Kalkulationsdaten des jeweiligen Betriebs nachvollzogen. Das Finanzamt kann sich dabei auf die Angaben des Steuerpflichtigen stützen oder eigene Ermittlungen anstellen.[21] Durch die Fortentwicklung der vorhandenen betriebsinternen Daten ermittelt das Finanzamt das Gesamtergebnis des zu schätzenden Veranlagungszeitraums. Kalkuliert ein Betrieb mit unterschiedlichen Aufschlagsätzen, so muss im Rahmen der Schätzung der Wareneinsatz entsprechend aufgegliedert werden.[22] Es kann zu großen Schätzungsungenauigkeiten kommen, wenn ein Betrieb mit unterschiedlichen Aufschlagsätzen arbeitet, viele verschiedene Warengruppen im Sortiment hat oder sehr unterschiedliche Dienstleistungen erbringt, da die einzelnen Kalkulationen und der Lohneinsatz variieren und nicht ohne weiteres aus den Waren- und Materialeingangsrechnungen zu ersehen sind. Aus diesem Grund eignen sich nicht alle Betriebe für eine Nachkalkulation.[23]

Der Steuerpflichtige ist nicht verpflichtet, selbst eine Nachkalkulation zu erstellen. Er muss lediglich gezielte Fragen des Finanzamtes beantworten und gegebenenfalls wei-

---

[19] Vgl. Pahlke/König/Cöster AO §162 Rn. 104.
[20] BFH BStBl 1982, 409.
[21] BFH BStBl II 1982, 430.
[22] BFH/NV 1985, 12; BFH BStBl II 1975, 96.
[23] Vgl. Harle, Georg/Olles (2014) S. 147.

tere sachdienliche Unterlagen vorlegen. Erstellt das Finanzamt eine Nachkalkulation ohne Mitwirkung des Steuerpflichtigen, sind diesem auf Verlangen die Kalkulationsgrundlagen mitzuteilen.[24]

2.2.2 Zeitreihenvergleich

Da die Nachkalkulation mit zahlreichen Unsicherheiten behaftet ist, wurden von den Finanzbehörden im Laufe der letzten Jahre unter Einsatz von Datenverarbeitungsprogrammen weitere Verprobungsverfahren wie der graphische Reihenvergleich und der Zeitreihenvergleich entwickelt. Bei dem Zeitreihenvergleich wird für jede Kalenderwoche eines Jahres separat aus den gebuchten Betriebseinnahmen und Wareneinkäufen der erzielte Rohgewinnaufschlag ermittelt, um festzustellen, ob auch eine wochen- oder monatsweise Untersuchung der Rohgewinnaufschläge eines Betriebs zum durchschnittlich erklärten Rohgewinnaufschlag des Kalenderjahres führt. Ergeben sich größere Abweichungen oder sonstige Auffälligkeiten, ist gegebenenfalls die Buchführung sachlich nicht richtig. In der Praxis setzt die Finanzverwaltung die Einnahmen mehrerer Jahre in Grafik-Linien um und vergleicht sie miteinander. Erwartungsgemäß verlaufen immer wieder die gleichen Monate stark bzw. schwach. Ein schlechtes Jahr hat also meist einen ähnlichen Kurvenverlauf wie ein gutes. Die Linie des schlechten Jahres verläuft also meist parallel zur Linie des guten Jahres, nur eben ein bisschen niedriger. Sich kreuzende Linien können ein Indiz für eine nicht ordnungsgemäße Buchführung darstellen.[25]

Wie die Nachkalkulation ist auch der Zeitreihenvergleich nur bedingt geeignet, da Schwankungen, wie sie in der Praxis regelmäßig auftreten, sowie saisonale Unterschiede, unberücksichtigt bleiben. Besonders häufig wird der Zeitreihenvergleich durch die Finanzverwaltung in der Gastronomie eingesetzt. Der Zeitreihenvergleich unterstellt, dass neue Ware immer erst dann eingekauft wird, wenn die alte verbraucht wurde und keine Lagerhaltung betrieben wird. Dies lässt sich mit der relativ kurzen Haltbarkeit von Lebensmitteln begründen. So können Abweichungen auf nicht erfasste Einnahmen hinweisen.[26]

---

[24] BFH BStBl II 1982, 430; BFH BStBl II 1978, 278.
[25] Vgl. Brinkmann, Michael (2012) S. 192.
[26] Vgl. Pahlke/König/Cöster AO §162 Rn. 106.

2.2.3 Chi-Quadrat-Test

Ebenfalls eine besondere Form des inneren Betriebsvergleichs ist der sogenannte Chi-Quadrat-Test. Der Chi-Quadrat-Test ist eine mathematische Methode, bei der empirisch beobachtete mit theoretisch erwarteten Häufigkeiten verglichen werden.[27] Dieser Test dient der Feststellung, ob Ziffern überproportional häufig verwendet werden, was bei einer entsprechenden gehäuften Datenmenge auf eine Manipulation des Zahlenwerks hindeutet. Die einzelnen Ziffern und die Tagessalden in der Kassenbuchführung haben statistisch gesehen Zufallscharakter. Die Tageseinnahmen ergeben sich als Zufallsprodukte aus der Kombination verschiedener Geschäftsvorfälle, der Anzahl von Kunden sowie verschiedener Verkaufsmengen und Verkaufspreisen. Das Ergebnis dieser Tageseinnahmen abzüglich der Barausgaben setzt sich aus Ziffern zusammen, die statistisch Merkmale einer Grundgesamtheit sind, über deren Verteilung man aus empirischer oder theoretischer Herleitung eine sogenannte Nullhypothese aufstellen kann, deren Richtigkeit mit Hilfe statistischer Testverfahren wie dem Chi-Quadrat-Test überprüft werden. Das Ergebnis eines Chi-Quadrat-Tests reicht jedoch für sich alleine nicht aus, die sachliche Richtigkeit einer formell ordnungsgemäßen Buchführung zu widerlegen. Der Chi-Quadrat-Test liefert nur eine gewisse Wahrscheinlichkeit und ist kein juristischer Beweis.[28] Lediglich im Zusammenhang mit weiteren Gesichtspunkten, wie zum Beispiel einer Geldverkehrs- oder Vermögenszuwachsrechnung (vgl. folgende Abschnitte), kann der Chi-Quadrat-Test daher eine Schätzung rechtfertigen.[29]

2.2.4 Benford-Gesetz

Entsprechendes gilt für eine Abweichung vom Benford-Gesetz. Das Benford-Gesetz ist eine weitere statistisch-mathematische Methode, um die Plausibilität einer Buchführung zu überprüfen. Nach dem Benford-Gesetz entsprechen Ziffern und Zifferfolgen in einer Datenmenge immer einem bestimmten Muster, der sogenannten Benford-Verteilung. Je niedriger der zahlenmäßige Wert einer Ziffernsequenz bestimmter Länge an einer bestimmten Stelle einer Zahl ist, umso wahrscheinlicher ist ihr Auftreten. Für die Anfangsziffern in Zahlen des Zehnersystems gilt zum Beispiel, dass Zahlen mit der Anfangsziffer 1 etwa 6,5- mal so häufig auftreten wie solche mit der Anfangsziffer 9. Mit dem Benford-Gesetz lassen sich Unregelmäßigkeiten in der Buchführung, Bilanz usw. aufspüren, denn wer eine Bilanz manipuliert, achtet häufig auf eine gleichmäßige Ver-

---

[27] FG Münster, EFG 2006, 652; FG Münster, EFG 2004, 236.

[28] FG Münster, EFG 2004, 9.

[29] Vgl. Pahlke/König/Cöster AO §162 Rn. 107.

teilung von Ziffern. Da manipulierte Zahlen der Gesetzmäßigkeit nicht folgen, kann durch eine computergestützte Analyse die Aussagekraft einer ordnungsgemäßen Buchführung angezweifelt werden.[30]

2.3 Äußerer Betriebsvergleich *(Gero Gebhardt)*

Ferner kann das Finanzamt die Besteuerungsgrundlagen des Steuerpflichtigen mit einem äußeren Betriebsvergleich ermitteln.

2.3.1 Richtsatzvergleich

Beim Richtsatzvergleich werden die Besteuerungsgrundlagen durch Vergleich mit den Ergebnissen anderer, gleichartiger Betriebe ermittelt. Die Vergleichsbetriebe müssen zur gleichen Branche gehören und auch im Hinblick auf Betriebsgröße, Lage, Organisation und Kundenstamm dem jeweiligen Betrieb ähnlich sein. Das Finanzamt vergleicht die Kennzahlen für Umsatz und Gewinn des geprüften Unternehmens. Zur Ermittlung der Vergleichsdaten darf die Finanzverwaltung auch Datenbanken aufbauen und verwenden, die nicht allgemein zugänglich sind.[31]

Zur Schätzung aufgrund von Richtsätzen gibt die Finanzverwaltung jährlich sogenannte Richtsatzsammlungen heraus, in denen sie für eine Reihe von Gewerbezweigen Kennzahlen, bzw. Richtsätze zum Rohgewinnaufschlag auf den Wareneinsatz, zum Rohgewinnsatz, zum Halbreingewinnsatz und zum Reingewinnsatz zusammenstellt. Die Kennzahlen werden regelmäßig aus den Betriebsergebnissen von Unternehmen bis mittlerer Größe gewonnen und stellen auf die Verhältnisse eines „normalen" Richtsatzbetriebs ab. Sie sind nicht verbindlich, sondern dienen der Finanzbehörde lediglich als Anhaltspunkte. Die Richtsätze können nicht angewandt werden, wenn der Betrieb des Steuerpflichtigen eine andere Umsatzgröße hat als der Richtsatzbetrieb[32] oder seine Betriebsgröße die der Richtsatzbetriebe wesentlich überschreitet.[33] Die Ungenauigkeiten einer Richtsatzschätzung muss der Steuerpflichtige hinnehmen, wenn seine Buchführung nicht den Grundsätzen einer ordnungsmäßigen Buchführung entspricht. Bei einer formell ordnungsmäßigen Buchführung darf das Finanzamt ihre

---

[30] Vgl. Klein/Rüsken AO § 162 Rn. 42.
[31] BFH BStBl II 2004, 171.
[32] BFH BStBl II 1984, 88; BFH BStBl II 1982, 430.
[33] BFH BStBl II 1984, 88; BFH BStBl II 1978, 278.

Schätzung nicht allein auf die Richtsätze stützen, wenn die erklärten Gewinne oder Umsätze von den Richtsätzen abweichen.[34] [35]

2.3.2 Einzelbetriebsvergleich

Beim Einzelbetriebsvergleich werden die Besteuerungsgrundlagen und Kennzahlen des zu schätzenden Betriebs lediglich mit einzelnen gleichartigen Betrieben verglichen.[36] Ansonsten deckt sich der Einzelbetriebsvergleich mit dem Inhalt des Richtsatzvergleichs.

2.4 Einnahmen-Ausgaben Deckungsrechnung *(Christoph Werner)*

Ferner kommen als Schätzungsmethoden die Geldverkehrsrechnung als auch die Vermögenszuwachsrechnung in Betracht.[37] Beide Verprobungsmethoden beruhen auf dem Gedanken, dass ein Steuerpflichtiger in einem bestimmten Zeitraum nicht mehr Geld ausgeben kann, als ihm aus Einkünften oder sonstigen Quellen zufließt, sogenannte Einnahmen-Ausgaben-Deckungsrechnung.[38] Ergibt sich ein nicht aufzuklärender Überschuss an verbrauchten Geldern, so rechtfertigt dies die Annahme, dass diese Mittel aus unversteuerten Einkünften stammen[39]. Der Steuerpflichtige ist dann in der Beweislast, diese Annahme zu widerlegen.

2.4.1 Geldverkehrsrechnung

Die Geldverkehrsrechnung vollzieht die Geldflüsse in einem nicht zu groß bemessenen Zeitraum nach und will damit unabhängig von Buchführungsmängeln eine Gewinnverkürzung nachweisen. Die Vergleichszeiträume müssen dabei überschaubar sein, die jeweiligen Anfangs- und Endbestände müssen genau ermittelt werden, Einnahmen- und Ausgabenvorgänge müssen vollständig erfasst werden, Vorgänge außerhalb des Vergleichszeitraums dürfen nicht berücksichtigt werden.[40] Dazu bedienen sich die Betriebsprüfer heutzutage EDV-Programmen, zum Beispiel IDEA. Die Geldverkehrsrech-

---

[34] BFH/NV 1995, 373; BFH/NV 1994, 766.
[35] Vgl. Harle, Georg/Olles (2014) S. 150.
[36] BFH BStBl II 1986, 226.
[37] Gombert, Irene (2001) S. 151.
[38] Vgl. Schmidt-Liebig, Dr. Axel (2004) S. 1881.
[39] BFH BStBl II 1974, 591.
[40] BFH BStBl II 1984, 504.

nung kann sich auf den betrieblichen, den privaten, auf einzelne Teilbereiche oder auf den gesamten Geldverkehr des Steuerpflichtigen beziehen.[41] Berücksichtigt werden grundsätzlich sowohl der Bargeldverkehr als auch die Bewegungen auf den Bankkonten des Steuerpflichtigen. Möglich ist auch eine reine Bargeldverkehrsrechnung, die ebenfalls geeignet ist, ungeklärte Einnahmen aufzudecken.[42] Die private Geldverkehrsrechnung geht von der Annahme aus, dass sämtliche Gewinne und/oder Überschüsse sogleich privat verbraucht oder privat angelegt werden. Die private Geldverkehrsrechnung ist insbesondere dann anwendbar, wenn die Verhältnisse des Steuerpflichtigen leicht überschaubar sind.[43]

2.4.2 Vermögenszuwachsrechnung

Bei der Vermögenszuwachsrechnung (Gesamtvermögensvergleich) wird das steuerpflichtige Einkommen für einen längeren Zeitraum aus dem Vermögenszuwachs zuzüglich der Ausgaben für den Lebensunterhalt und abzüglich der steuerfreien Zuschüsse schätzungsweise ermittelt. Wird beispielsweise der entnommene Gewinn vollständig für Kosten wie Miete, Lebensmittel, Kleidung oder Versicherungen gebraucht, kann das Sparbuch am Jahresende nicht um EUR 100.000 angewachsen sein.[44] Deswegen nutzen Steuerpflichtige auch heutzutage häufig Bankkonten in Steueroasen, um Vermögenszuwächse vor den Prüfern zu verstecken. Die Vermögenszuwachsrechnung unterscheidet sich von der Geldverkehrsrechnung lediglich dadurch, dass die Mittelverwendung für Vermögensanlagen stärker betont wird.[45] Die Rechtsprechung hält die Vermögenszuwachsrechnung für eine der aussagekräftigsten Schätzungsmethoden, da der ungeklärte Vermögenszuwachs als eigenständiger Schätzungsgrund und als sicherer Anhalt für die Höhe der Schätzung anerkannt ist.[46] Die Literatur spricht dagegen von einer sehr unsicheren und aufwändigen Methode.[47]

2.5 Kassenfehlbetragsrechnung *(Christoph Werner)*

Die Kassenfehlbetragsrechnung ist eine Prüfungsmethode.[48]

---

[41] BFH BStBl II 1990, 268.

[42] BFH BStBl II 1982, 369.

[43] BFH BStBl II 1986, 732.

[44] Vgl. Brinkmann, Michael (2012) S. 233.

[45] BFH BStBl II 1990, 268.

[46] BFH BStBl III 1986, 732.

[47] Brinkmann, Michael (2012) S. 193.

[48] Schmidt-Liebig, Dr. Axel (2004) S. 3235.

Bei ihr gilt der gleiche Grundsatz wie bei der Einnahmen-Ausgaben-Deckungsrechnung. Aus der Barkasse kann nicht mehr Geld ausgegeben werden als eingenommen beziehungsweise eingelegt wird. Übersteigen die Ausgaben eines bestimmten Zeitraums den Anfangsbestand und die Einnahmen sowie die Einlagen, entsteht ein sog. Kassenfehlbetrag. Insbesondere das mehrfache Auftreten solcher Fehlbeträge nimmt der Kassenführung ihre Ordnungsmäßigkeit.[49]

Allein die Existenz von Kassenfehlbeträgen berechtigt das Finanzamt zu Hinzuschätzungen. Der Schätzungsrahmen reicht dabei von einem Kassenfehlbetrag (was lediglich der Richtigstellung der förmlichen Unrichtigkeit entspricht) nebst einem Sicherheitszuschlag in Höhe eines angemessenen positiven Kassenbestands bis zur Summe aller festgestellten Kassenfehlbeträge. Für die Höhe des „angemessenen Kassenbestands" gibt es keine festen Regeln; sie hängt von den Umständen des Einzelfalls ab. Jedenfalls bedarf der Ansatz des durchschnittlichen (oder gar eines überdurchschnittlichen) Kassenbestands einer besonderen Begründung.[50]

Hält sich das Finanzamt im Schätzungsrahmen, so bedarf die Zuschätzung keiner weiteren Ermittlungen. Das Finanzamt muss lediglich dartun, wenn der Zuschlag im oberen Bereich des Schätzungsrahmens liegt, dass die Kassenfehlbeträge rechnerisch unabhängig voneinander sind. Das Finanzamt kann dann also relativ moderate Zuschätzungen ohne weitere arbeits- und zeitaufwendige Ermittlungen vornehmen. Will das Finanzamt über den Schätzungsrahmen hinausgehen, so muss es die Höhe seiner Zuschätzung durch andere Schätzungsmethoden fundieren (zum Beispiel Kalkulation, Deckungsrechnung). Diese müssen nicht strengen Anforderungen genügen, wenn die Kassenführung von erheblichem Gewicht für die Einnahmenermittlung ist und die Art und Häufigkeit der Kassenfehlbeträge die sachliche Unrichtigkeit der Kassenführung nahelegen.[51]

Bevor der Prüfer eine Schätzung wegen Kassenfehlbeträgen durchführen darf, hat er die Richtigkeit des Datums der Geldzu- und Geldabflüsse zu überprüfen. Denkbar ist, dass das Datum des Geldflusses aus der Kasse laut Buchführung nicht mit dem tatsächlichen Datum ausweislich des Kassenbuchs oder sonstiger Aufzeichnungen übereinstimmt. Dazu dient den Finanzbehörden ebenfalls das Revisionsprogramm IDEA,

---

[49] Vgl. Brinkmann, Michael (2012) S. 221.
[50] Vgl. Schmidt-Liebig, Dr. Axel (2004) S. 3235.
[51] Vgl. Schmidt-Liebig, Dr. Axel (2004) S. 3235f.

mit der die Kassenfehlbeträge entdeckt und mögliche Datumsfehler bereits aufdecken werden.[52]

2.6 Griffweise Schätzung *(Christoph Werner)*

Zu den letzten wichtigen Schätzungsmethoden zählt diese Methode. Die griffweise Schätzung erfolgt aufgrund einer relativ geringfügigen sachlichen Fundierung. Sie ist der „grobe Keil", den das Finanzamt auf den „groben Klotz" (insbesondere des mitwirkungsunwilligen Steuerpflichtigen) setzen kann.[53] Die bekannteste griffweise Schätzung ist der **Sicherheitszuschlag**. Der Sicherheitszuschlag wird auch als „Unsicherheitszuschlag" bezeichnet.[54] Er stellt eine griffweise Schätzung dar, die in einem „vernünftigen" Verhältnis zu den erklärten oder nicht verbuchten Umsätzen steht.[55] Wegen sich wiederholender Fehler (unverbuchte Einnahmen, zu Unrecht angesetzte Ausgaben und ähnliches) bleibt häufig die Ungewissheit, ob in den durch den Außenprüfer nicht gesichteten Unterlagen ähnliche Fehler befinden. Insbesondere bei schwerwiegenden Pflichtverletzungen wie bei nachgewiesenen, in der Buchführung nicht erfassten Einnahmen oder dem Einsatz einer Manipulationssoftware, darf ohne Bindung an das Maß einer großen oder gar überwiegenden Wahrscheinlichkeit griffweise ein Sicherheitszuschlag angesetzt werden.[56] Bei der Bemessung des Sicherheitszuschlags kann der Grad des Verschuldens des Steuerpflichtigen berücksichtigt werden.[57] Eine weitere Zuschätzung in Form eines Sicherheitszuschlags zu einer bereits erfolgten Zuschätzung, zum Beispiel Nachkalkulation, ist lediglich nur noch dann zulässig, wenn die Sicherheitszuschlag nicht an die gleiche Unsicherheit wie die Nachkalkulation anknüpft.[58]

---

[52] Vgl. Klingebiel, Olaf (2008) S. 3850.
[53] Vgl. Schmidt-Liebig, Dr. Axel (2004) S. 3232.
[54] Brinkmann, Michael (2012) S. 234.
[55] BFH BStBl II 1995, 373.
[56] BFH BStBl II 1999, 741.
[57] BFH BStBl II 1993, 259.
[58] FG Saarland v. 15.7.2003 1 K 174/00, EFG 2003, 1437.

3   Zusammenfassung *(Christoph Werner)*

Die Vielzahl der Prüfungs-, Verprobungs- und Schätzungsmethoden zeigen, dass die ermittelnden Behörden ein breites Erfahrungsspektrum besitzen, auf die unerlaubten Handlungen der Steuerpflichtigen zu reagieren. Gegen die unterschiedliche Schwere der Vergehen des Steuerpflichtigen können die Finanzbehörden mit unterschiedlicher Härte in Methode und Höhe vorgehen. Diese praxisüblichen Methoden sind dabei auch nicht ganz unbegründet. Es kommt auf den Grad des Steuerpflichtigen an, wie viel Aufwand er betreibt, Einnahmen unerklärt zu lassen oder Zahlen zu manipulieren. Selbst schwerwiegende Manipulationen mithilfe der heutzutage gängigen Datenverarbeitungsprogramme können mit der digitalen Außenprüfung aufgedeckt werden. Die digitale Außenprüfung wird daher auch künftig eine noch größere Rolle spielen.

Dieses Referat hat auch gezeigt, dass die Finanzbehörden selbst bei einer ordnungsmäßigen Buchführung Ungereimtheiten durch die Verprobungsmethoden aufgreifen und nach erfolgloser Ermittlung legitim mit Zuschätzungen arbeiten können. Es ist ferner deutlich geworden, dass die Schätzungsmethoden viel durch Rechtsprechung ergänzt wurden, um die Rahmenbedingungen der Schätzungsmethoden festzulegen.

An dieser Stelle sei auch auf eine neue Prüfungsmethode des Finanzamts verwiesen. Seit einigen Jahren verbinden die Finanzverwaltungen aus Österreich und Deutschland ihre Erfahrungen aus (digitalen) Betriebsprüfungen und Rechtsprechungen, unter anderem zu Manipulationsmöglichkeiten und Schätzungsmethoden. In der „neuen interaktiven Prüfungstechnik" (kurz: NiPt) fließen neue Erkenntnisse ein. Die Erfahrungen dienen der Ausweitung von Prüfungsmöglichkeiten und die Verhinderung von „handwerklichen Mängeln" der Finanzbeamten während der Außenprüfungen und in Gerichtsverfahren. [59]

Das Thema Schätzungsmethoden wird daher immer eine wichtige Rolle für Finanzbehörden bleiben, solange die Steuerpflichtigen ihre Buchführungsunterlagen manipulieren, Einnahmen verschweigen oder keine Steuererklärung abgeben.

---

[59] Vgl. Huber, Erich; Wähnert, Andreas (2009) S. 2814.

4 Literaturverzeichnis

Monographien

Andrascek-Peter, Ramona/Braun, Dr. Wernher/Friemel, Rainer/Schiml, Kurt: Lehrbuch Abgabenordnung, 16. Überarbeitete Auflage, 2009, Verlag NWB GmbH & Co. KG, Herne

Brinkmann, Michael: Schätzungen im Steuerrecht, 2. völlig neubearbeitete und wesentlich erweiterte Auflage, 2012, Schmidt Verlag, Berlin

Eisele, Dipl.-Finanzw. Dirk/Seßinghaus, Carsten/Walkenhorst, Dipl.Finanzw. Ralf: Steuerkompendium Band 2., 10. Völlig überarbeitete und aktualisierte Auflage, 2007, Verlag NWB GmbH & Co. KG, Herne

Gombert, Irene: Schriften zum Steuerrecht Band 69, 1. Auflage, 2001, Dunker & Humblot, Berlin

Harle, Dipl.-Finanzw. Georg/Olles, Dipl.-Finanzw. Uwe: Die moderne Betriebsprüfung, 1. Auflage, 2014, NWB Verlag GmbH & Co. KG, Herne

Klein, Prof. Dr. Franz/Orlopp, Gerd: Abgabenordnung – einschließlich Steuerstrafrecht, 11. völlig neubearbeitete Auflage, 2012, Verlag C.H. Beck, München

Lammerding, Prof. Dr. jur. Jo: Abgabenordnung und Finanzgerichtsordnung, 16. Auflage, 2012, Erich Fleischer Verlag, Achim

Pahlke, Dr. Armin/Koenig, Ulrich: Abgabenordnung §1 bis 368 Kommentar, 2. überarbeitete und aktualisierte Auflage, 2009, Verlag C.H. Beck, München

Aufsätze in Zeitschriften

Huber, Erich/Wähnert, Andreas (2009): Neue interaktive Prüfungstechnik (NiPt), NWB Nr. 36 vom 31.08.2009 Seite 2814

Klingebiel, Olaf (2008): Geldverkehrsrechnung und sachliche Richtigkeit der Buchführung, NWB Nr. 17 vom 21.04.2008 Seite 1569

Klingebiel, Olaf (2008): Ordnungsgemäße Kassenführung und sachliche Richtigkeit der Buchführung, NWB Nr. 41 vom 06.10.2008 Seite 3849

Schmidt-Liebig, Dr. Axel (2004): Die Schätzung im Steuerrecht, NWB Nr. 41 vom 04.10.2004 Seite 3207 ff.

Rechtsquellen

Abgabenordnung (AO) 2002, in der Fassung der Bekanntmachung vom 01.10.2002, veröffentlicht in: BGBl. I S. 3869, ber. 2003 I S. 61, zuletzt geändert durch Art. 13 Gesetz zur Anpassung des Investmentsteuergesetztes und anderer Gesetze an das AIFM-Umsetzungsgesetz vom 18.12.2013 BGBl. I S. 4318.

Finanzgerichtsordnung (FGO) in der Fassung der Bekanntmachung vom 28. März 2001 (BGBl. I S. 442, 2262; 2002 I S. 679), die zuletzt durch Artikel 14 des Gesetzes vom 8. Juli 2014 (BGBl. I S. 890) geändert worden ist.

Rechtsprechung/Erlasse/Verwaltungsanweisungen

Bayerisches Landesamt für Steuern v. 26.05.2006 - S 0335 - 3 St 41 M

Bundesfinanzhof BFH BStBl II 1974, 591

Bundesfinanzhof BFH BStBl II 1975, 96

Bundesfinanzhof BFH BStBl II 1978, 278

Bundesfinanzhof BFH BStBl II 1982, 369 + 409 + 430

Bundesfinanzhof BFH BStBl II 1984, 88 + 504

Bundesfinanzhof BFH/NV 1985, 12

Bundesfinanzhof BFH BStBl II 1985, 352

Bundesfinanzhof BFH BStBl II 1986, 226

Bundesfinanzhof BFH BStBl III 1986, 732

Bundesfinanzhof BFH BStBl II 1990, 268

Bundesfinanzhof BFH BStBl II 1993, 259

Bundesfinanzhof BFH/NV 1994, 766

Bundesfinanzhof BFH BStBl II 1995, 373

Bundesfinanzhof BFH BStBl II 1999, 290 + 741

Bundesfinanzhof BFH BStBl II 2004, 171

Bundesfinanzhof BFH/NV 2005, 1014

Finanzministerium des Landes Nordrhein-Westfalen v. 25.07.2013 - S 0335

Internetquellen

Haufe Steuer Office Kanzlei-Edition Online: „Schätzung", Stand Produktdatenbank: 08.07.2014, Ausdruck vom 12.07.2014

Haufe Steuer Office Kanzlei-Edition Online: „Schätzung von Besteuerungsunterlagen", Stand Produktdatenbank: 08.07.2014, Ausdruck vom 12.07.2014

NWB Online-Datenbank: „Schätzung", Stand Produktdatenbank: Februar 2014, Ausdruck vom 12.07.2014